Elke Verheugen

D1827610

The
Blue
of
Curaçao

Edition 1
Curaçao von A bis Z

Die Deutsche Bibliothek verzeichnet diese Publikation
in der Deutschen Nationalbibliografie; detaillierte Daten sind
im Internet über http://dnb.d-nb.de abrufbar.

ISBN: 9 783752 840926
1. Auflage, Juli 2018
Herausgeber: Don Genaro Curaçao Appartements N.V.
Autor: Elke Verheugen
Ausgabe 1: Curaçao von A bis Z
Satz, Layout und Titel: Elke Verheugen
Korrektorat und Lektorat: Ulrike Verheugen
Fotos: Lucy Diamant, Alexandra Otto, Elke Verheugen
Mit freundlicher Unterstützung der Likörfabrik Chobolobo
Herstellung und Verlag: BoD- Books on Demand, Norderstedt

INHALT Seite

Einleitung / Vorwort

„No Stress", so könnte diese Insel Curaçao auch heißen, denn man macht alles um Hektik und Stress zu verhindern bzw. gar nicht erst aufkommen zu lassen. „Poco" (= langsam, langsam) geht es hier zu und so leicht lässt sich ein Curaçaolino tatsächlich nicht aus der Ruhe bringen.

Am Anfang habe ich mich über das Schneckentempo in dem hier gearbeitet und Auto gefahren wird aufgeregt, aber nach fast 9 Jahren Curaçao habe ich mich endlich akklimatisiert und sitze heute, am Monatsersten z.B. geduldig auf einem Klappstuhl vor meiner Bank und warte darauf, dass ich an die Reihe komme. In der Zwischenzeit hält man einen kleinen Plausch mit dem Stuhlnachbar und bedankt sich brav für den außerordentlich trockenen Keks, den die Putzfrau der Bank nach getaner (Putz)Arbeit den Bankkunden serviert um die Wartezeit zu versüßen.

Heute habe ich kaum noch Verständnis für die Eile und Hektik der Deutschen, die sicher nicht nur ihre äußere, sondern auch ihre innere Ruhe verloren haben. Vielleicht ist es sinnvoll wenigstens einmal im Jahr über Entschleunigung nachzudenken und das Handy und den Computer soweit es geht beiseite zu legen.

Wenn Sie also das nächste Mal ihren Jahresurlaub planen, dann denken Sie doch mal darüber nach ob nicht Curaçao das richtige Reiseziel wäre.

Auf Curaçao ist es als wenn jemand die Uhr angehalten und die Zeit zurückgedreht hat. Es gibt so viel zu entdecken. Die freundlichen Menschen, die tropische Vegetation, die exotische Tierwelt werden Sie begeistern und das allgegenwärtige Blau werden Sie so schnell nicht vergessen.

Die blauen Bilder von Curaçao werden Ihre Entdeckungslust und die Sehnsucht nach Sonne, Meer und Strand wecken. Aus diesem Grund machen wir Ihnen gleich zwei tolle Reise-Angebote bei denen alles inklusive ist. Appartement, Mietwagen, Flugehafenshuttle u.v.m.

Da Vorfreude bekanntlich die größte Freude ist, finden Sie hier auch bereits die wichtigsten Informationen über Curaçao. Lesen Sie und fangen Sie schon mal an zu träumen.

Sehnsuchtsfarbe Blau

Blau ist ja bekanntlich eine kalte Farbe und in Deutschland daher mit Bedacht zu verarbeiten. Auf Curaçao dagegen ist es immer warm um nicht zu sagen immer heiß. Da sehnt man sich nach etwas Kühlerem und sei es auch nur nach einer angeblich kalten Farbe.

„Es steht für unseren Himmel", sagte mir mal eine alte einheimische Frau. „Es steht für die alte Heimat", sagt der Werbe-Prospekt. „Es steht für nichts", sagen dagegen die Historiker. Indigo war einfach vorhanden - günstig gewonnen in Zwangsarbeit. Die Wahrheit ist, dass es niemanden hier sonderlich interessiert. Das Blau auf Curaçao ist einfach da. So selbstverständlich - so natürlich und so intensiv. Am Himmel natürlich und im

Meer. Aber auch sozusagen gespiegelt, überall auf dem Land. Auf den Rücken der heimischen Rennechsen. Den Flaggen, den Trikots und den Uniformen. Die Fassaden vieler Häuser sind bunt und damit auch blau. Grotten, Buchten, Strände, Kneipen sind blau oder führen das blau („azul", „blue" oder "blouw" im Namen).

Gern möchte man glauben eins dieser Blaus habe die Menschen hierhergelockt, ans Ende der Karibik. Aber wahrscheinlich war es doch „nur" der Likör … und plötzlich ist man auf einer Insel, die man bislang eher auf einer Barkarte als auf einer Weltkarte vermutet hätte. Noch heute kennen mehr Deutsche nur den Likör mit dem Namen „Blue Curaçao", der in den späten 70ern und den schrillen 80ern **das** Inngetränk schlechthin war.

Heute und hier und mit diesem kleinen Büchlein kehrt dieser etwas in die Jahre gekommene Klassiker zurück – als ein Cocktail, der die Farbe Blau und die Sehnsucht nach „no stress" einfach in ein Glas gießt.

Willkommen auf Curaçao. Willkommen auf Chobolobo !

Landhaus Chobolobo

Kein Wunder also, dass man nun auch die Produktionsstätte des weltberühmten Likörs kennen lernen möchte. Deshalb zieht es viele Urlauber quer durch die Hauptstadt Willemstad zum Landhaus Chobolobo, der selbsterklärten Heimat des "einzig wahren Curaçao von Curaçao".

Es gibt Leute, die einzig inspiriert durch den Werbefilm für Kentucy - Bourbon nach Kentucky reisen und dann enttäuscht feststellen das nirgends alte Männer in amerikanischen Latzhosen Whiskeyfässer durch die Gegend rollen. Die wären im Landhuis Chobolobo auf Curaçao besser aufgehoben. Es liegt zwar nicht auf dem Land sondern mitten in der Stadt, erfüllt aber ansonsten auch heute noch genau die Erwartung einer kleinen handwerklichen Manufaktur: Das Landhaus mit einem beschaulichen Gründerzeithof, den liebevoll geschnitzten Fensterläden, und den (meist) Frauen, die in liebevoller Handarbeit das Etikett auf die Flaschen kleben oder den Flaschen mit einem kleinen Hämmerchen den Flaschenkorken verpassen. Immer schön „poco" und ganz nach dem Motto: „no stress".

Impressionen - Früher und heute

Was aussieht wie eine Hütte in einer Schneelandschaft oder wie ein Sommerfest am Schliersee oder bestenfalls ein Klassentreffen eines Jungengymnasiums ... es sind alles Bilder des karibischen Landhauses Chobolobo.

Erst diese neuere und farbige Abbildung lässt vermuten, dass es sich doch nicht um eine deutsche Feier der 50ger Jahre handelt, sondern eher um ein echtes karibisches Landhaus.

Erfolgsgeschichte

Es fing alles mit einem Fehlschlag der spanischen Eroberer, an auf Curaçao Nutzpflanzen anzusiedeln. Am ärgsten missrieten ihnen die Valencia-Orangen, die auf der trockenen Erde von Curaçao so gar nicht gedeihen wollten und zu Schrumpel Bällchen mutierten, den sogenannten Larahas. Über Jahrhunderte ließ man die Schrumpel Orangen am Baum einfach verrotten.

Den Unternehmern Edgar Senior und Haim Chumaceiro ließen die vertrockneten Orangen keine Ruhe und doch war es eher Zufall das Senior den Blue Curaçao erfand: Senior, so will es die Legende, griff eines Tages nach ein paar getrockneten Schalen der Frucht. Braun und hart lagen sie in seiner Hand, völlig geruchlos. Wütend zerbrach er eine davon – und plötzlich lag ein intensiver, leicht bitterer und citrusartiger Geruch in der Luft.

"Und das war ein Glück für Curaçao - und für uns", sagt John Bradshaw, Produktionsleiter bei Senior & Co. "Wären seine Orangen nach Plan gewachsen, hätte Senior niemals unseren weltbekannten Likör erfunden." So begann der ruhelose Apotheker Senior mit den Schalen zu experimentieren. Denn für Limonade oder Saft war die Frucht viel zu bitter.

Das war vor 120 Jahren. Der Likör ist ein echtes „Yiu di Kòrsou", (= ein Kind Curaçaos). Denn Larahas, so nennt man die vertrockneten Orangen, wachsen nur auf den „Islas Inutiles", den sogenannten nutzlosen Inseln, wie einst Curaçao von den spanischen Eroberern getauft wurde. Viel Sonne, wenig Regen - dafür ein beständiger Wind - macht den Boden karg und ist für die Landwirtschaft auf Curaçao immer schon eine Herausforderung gewesen.

Likörrezept von 1896

In langen Versuchsreihen erforschte der Unternehmer Senior, was mit der scheinbar so trockenen Frucht anzufangen sei. Senior fing an, die getrocknete Schale der Orangen zu kochen und kam nach einer Weile auf ein sehr leckeres Rezept. Er brannte 1896 seinen ersten Bitterorangenlikör. "An das Rezept halten wir uns bis heute", sagt Bradshaw der Produktionsleiter. Die Schalen baden mit geheimen Gewürzen für drei Tage in Alkohol. Der wird destilliert und tüchtig gezuckert - das ist es auch schon beinah. Und woher kommt die blaue Farbe? Einer Legende nach löste sich in den ersten Jahren Patina aus dem Kupferkessel. Bradshaw stellt richtig: "Das ist Quatsch; da wären die Leute ja gestorben wie Kakerlaken. Nein, das war von Anfang an Lebensmittelfarbe, Brillantblau FCF heißt das Zeug."

Seit 1946 wird im Landhaus Chobolobo nach dem alten Rezept von 1846 das hochprozentige Gebräu in einem einzigen uralten Kupferkessel sozusagen in Handarbeit produziert.

Die Art, wie der Likör auch heute noch hergestellt wird, ist exakt die gleiche wie 1896. Auf winzigen zehn Quadratmetern produziert die Curaçao Liquer Destillerie jährlich zwischen 40.000 und 60.000 Liter Curaçao-Likör. Die Hilfsmittel: ein 120 Jahre alter Kupferkessel, ein blaues Fass, ein silberner Tank und eine Abfüllanlage.

Aus: http://www.zeit.de/2015/10 Curaçao schmeckt nach Sehnsucht von Michael Allmeier
Aus: http://www.spiegel.de/reise/fernweh/likoerherstellung-auf-cura-ao-bitter-macht-blau von Nina Mareen Spranz

Destillerie

Gearbeitet wird hier übrigens nur von Montag bis Freitag – natürlich in einem blauen Outfit und poco poco – also bitte nur keinen Stress. Zu Beginn einer jeden Produktion werden elf überdimensionale Teebeutel aus Jute geschnürt, die an Turnbeutel von Grundschulkindern erinnern. Darin: reichlich getrocknete Schalen der schrumpeligen Laraha. Dazu kommen vier überaus geheime, importierte Gewürze und Kräuter.

Besucher sind natürlich verwundert. Was eher aussieht wie ein kleines Museum oder eine Miniaturausgabe der Fabrikationsstätte **ist** schon die ganze Fabrikation. Alles gerade groß genug um den heimischen Markt und Teile der USA und die Niederlande zu bedienen. Den Weltmarkt dagegen haben andere wie z.B. Bols in den späten 70ern und schrillen 80ern erobert. Wie war das eigentlich möglich? Leider hat der pfiffige Unternehmer Edgar Senior seinen Likör nicht so brillant getauft, wie er ihn koloriert hat.

Blue Curaçao

denn wo „Blue" drin ist steht noch lange nicht Blue drauf. Haben Sie sich das Etikett der Originalflasche einmal genauer angeschaut? Von Blue ist hier überhaupt keine Rede.... Wirklich bemerkenswert und Ortsnamen sind schwer bzw. gar nicht zu schützen. Vielleicht ist das auch besser so. Sonst sähe es hier aus wie in Kentucky.

Und so ist es wie es eben ist: An den Geschmack erinnert man sich nur vage. Es ist seine Farbe, das unglaubliche Blau, das sich eingebrannt hat. Dieser Likör, das war Sehnsucht in Flaschen. Und wie soll Sehnsucht schon schmecken, wenn nicht bittersüß?

Den originalen Blue Curaçao gibt es natürlich hauptsächlich hier auf Curaçao, weil es einige Zutaten des geheimen Rezeptes nur auf der Insel gibt und entsprechend groß ist natürlich die Nachfrage.

Und das Markenzeichen ist die runde „Boxbeutel"-Flasche.
Ein wenig desillusionierend ist es schon dass der Blue Curaçao eigentlich ein klarer Likör ist und nur durch die Zugabe von Pflanzenfarbe eine so herrliche Kolorierung bekommt.

Wen wundert es dann aber, dass es auf Curaçao den Blue Curaçao auch mit anderen Pflanzkombinationen in weiteren Farben gibt? Diesen bittersüßen Likör gibt es auch in grün, rot, orange und klar. Aber alle schmecken natürlich gleich. Diese Liköre unterscheiden sich lediglich durch die Farbe, aber der blaue ist dabei der einzige weltweit bekannte Blue Curaçao Likör.

Mit diesem Likör und den vielen Farb- und Geschmacksrichtungen war und ist die Basis für wunderbare Blue Curaçao Cocktails geschaffen. Karibikfeeling inbegriffen.

*O*n the cocks tail

Haben Sie sich eigentlich je gefragt woher der Name Cocktail kommt? Übersetzt bedeutet Cock-Tail: Hahnenschwanz. Um die Entstehung des Wortes rankt sich diese kleine Geschichte:

In der Zeit der Einwanderer in Mexiko und Südamerika waren die Hahnenkämpfe ein sehr beliebtes Unterhaltungsspiel. Dem unterlegenen Hahn wurde der Schwanz ausgerissen und der Besitzer des siegreichen Hahns erhielt ihn als Trophäe. Um den Sieg zu feiern trank man „on the cocks tail", woraus sich nach der Geschichte die Kurzform Cocktail abwandelte. Natürlich gibt es viele Geschichten wie der Name Cocktail entstand. Wie auch immer.

Wir denken, dass Cocktails einfach gut in die Karibik passen und der Inbegriff von Urlaub und Entspannung und no stress ist:

Sit back, relax, enjoy

Who doesn't sometimes dream of it... A Friday evening, a tropical island, a beach, palm trees, the sound of the waves, some music in the background and a nice, cool cocktail to sip on.... Guess what, this is Curaçao. You can have it!

Und hier kommen sie: Die 20 besten Blue Curaçao Cocktails. Zehn Klassiker, fünf etwas eigenwillige Kreationen von Don Genaro, drei antialkoholische Cocktails und natürlich auch zwei spezielle: Einen mit Blue Curaçao Tamarinden-Geschmack und einen mit Blue Curaçao Kaffeegeschmack.

Die zehn Blue Curaçao Klassiker
1 Swimmingpool

Zutaten
2-4 cl Rum (weiß)
4 cl Kokosnusscreme
2 cl Blue Curaçao
2 cl Sahne
15 cl Ananassaft

Zubereitung
Alle Zutaten zusammen mit einigen Eiswürfeln im Shaker schütteln. Das Cocktailglas mit Crushed Ice zur Hälfte auffüllen und den Mix aus dem Shaker darauf gießen. Mit einer Annasscheibe oder einem Minzzweig dekorieren.

Kleine Variante
Den Blue Curaçao nicht mit in den Shaker geben, sondern abschließend vorsichtig den Curaçao Blue über die Rückseite eines Löffels auf den Drink laufen lassen.

2 Young fresh and beautiful

So frisch kann „young" sein. Der ideale Cocktail für karibisch-heiße Sommertage. Leicht, herb und erfrischend.

Zutaten
4 cl Blue Curaçao
3 cl Limettensaft
2 cl Zitronensaft
10 cl Bitter Lemon

Zubereitung
Curaçao Blue und die Säfte mit einigen Eiswürfeln in den Shaker geben, kräftig schütteln und in ein Longdrink Glas oder einem Hurricaneglas auf einige Eiswürfel abseihen. Mit Bitter Lemon auffüllen.

Als Dekoration einen Rosmarinzweig oder eine Zitronenscheibe und eine Limettenspirale an den Glasrand stecken.

3 Blue Lagun
Erfrischend und trotzdem süß

Zutaten
4 cl Blue Curaçao
12 cl Sprite
4 cl Wodka

Zubereitung
Wodka, Blue Curaçao und Zitronensaft in ein Glas auf Eis geben und umrühren. Zum Schluss mit Sprite auffüllen. Dieser Cocktail wird nicht geschüttelt.
Mit einer Limettenscheibe verzieren.

4 Blue Diamond
Wie ein Smaragd – einfach zum Verlieben!

Zutaten
2 cl Gin
2 cl Blue Curaçao (grün)
2 cl Zitronensaft
6 cl Sekt zum Auffüllen

Zubereitung
Den Limettensaft mit Blue Curaçao und dem Gin verrühren. Mit eiskaltem Sekt auffüllen. Die Glasränder mit frischen Früchten / Limetten verzieren.

Links:
Blue Lagun

Unten:

Blue Diamond

5 Emerald jewel

Emerald Green, mild und leicht süß

Zutaten

3 cl Amaretto
3 cl Blue Curaçao
8 cl Ananassaft
8 cl Orangensaft

(Ohne Abbildung)

Zubereitung

Die Zutaten in einen Shaker geben und einige Eiswürfel dazugeben. Gut schütteln und über einen Strainer in ein Longdrinkglas oder Cocktailglas mit 2-3 frischen Eiswürfeln füllen.

Zum Dekorieren:
½ Orangen- und/oder eine Ananasscheibe

6 Blue Lady

Zutaten

2 cl Blue Curaçao
2 cl Zitronensaft
4 cl Gin
eine ganze Maraschino-Kirsche

Zubereitung

Einen Shaker mit Eiswürfel füllen. Alle Zutaten zugeben. Shaken und in ein Cocktailglas abseihen. Danach mit einer Maraschino-Kirsche oder Limettenscheibe garnieren.

Blue Lady

7 Blueprinha

Ein Caiphi mit weißem Blue Curaçao – Der Klassiker verfeinert

Zutaten

2 cl Cachaça
4 cl Blue Curaçao (weiß)
1 Limette
3 TL Rohrzucker
Crushed Ice

Zubereitung

Die Limette vierteln und in das Glas geben. Den Rohrzucker über die Limette geben und diese zerstoßen. Das Glas mit Crushed Ice auffüllen und Cachaca und Blue Curaçao hinzugeben und mit einem Barlöffel verrühren.

8 Blue Mojito

Herrlich minzig, herrlich erfrischend – einmalig blau-grün

Zutaten:

4 cL Rum (weiß)
2 cL Blue Curaçao
½ Limette
8 Blätter frische Minze
2 EL Rohrzucker
Eis und Mineralwasser

Zubereitung:

Die Limette vierteln und in ein Glas geben. Die Minzblätter und den Rohrzucker dazugeben und alles kräftig mit dem Mörser zerstoßen. Das Glas mit Eiswürfel oder Crushed Eis halb auffüllen und den Rum und Blue Curaçao hinzugeben und alles mit dem Langlöffel umrühren.

Mit Mineralwasser auffüllen und mit Minzblätter und einer Limettenscheibe verzieren.

Oben:
Blueprinha

Rechts:
Blue Mojito

9 Blue Ocean Sekt Cocktail

Zutaten
1 cl Grand Marnier
1 cl Pfirsichlikör
Champagner oder Sekt
2 Spritzer Blue Curaçao
Karambolenscheibe und
Brombeeren

(Ohne Abbildung)

Zubereitung
Den Grand Marnier und den Pfirsichlikör zusammen mit den Eiswürfeln in einem Glas verrühren. Durch das Barsieb in die Sektgläser seihen. Mit Champagner oder Sekt auffüllen, leicht umrühren und den Curaçao Blue darüber geben. Die Karambolenscheibe an den Glasrand stecken.

10 Blue Margarita
Der blaue Mexikaner ist ein klassischer Cocktail und überall beliebt.

Zutaten
2 cl Blue Curaçao
4 cl Tequila (weiß)
2 cl Limettensaft
2 -3 halbe Orangenscheiben

Zubereitung
3-4 Eiswürfel in ein Rührglas geben. Die Zutaten dazugeben und mit einem Barlöffel umrühren.
Eine oder zwei Orangenspalten ins Glas geben und eine Orangenscheibe an den Glasrand stecken.

Blue Margarita

Die fünf eigenwilligen Kreationen von Don Genaro

11 Lucys Tropical Bon Bons

Dieser Cocktail ist kein Bonbon wie man vielleicht vermuten würde, sondern das Wort „Bon" ist ein sehr häufig gebrauchtes Wort der Landessprache von Curaçao – dem Papiamento und heißt „gut". Auf Curaçao sagt man es ständig und zu jeder Gelegenheit. Und damit man versteht, dass alles wirklich gut ist sagt man es am besten gleich zweimal – eben BON.

Zutaten und Zubereitung
3-6 cl Blue Curaçao in ein Glas geben, Eiswürfel dazugeben und mit Pfirsichsaft, Maracujasaft, Ananassaft oder Sprite auffüllen – Bon - so einfach – so gut.

12 Ellis „DG –GT"   (Don Genaro Gin Tonic)

Die besten Cocktailrezepte entstehen vielleicht durch Zufall und zum Beispiel an einem legendären Cocktailabend bei Don Genaro im April 2018.

Zutaten
2-3 cl Blue Curaçao (weiß /klar)
4 cl Gin
Tonic Water
5-8 Pfefferkörner
2 Scheiben Schlangengurke
Blue Curaçao (klar) in ein großes
Rotweinglas geben, Gin

Zubereitung

dazugeben. Mit Eiswürfel und Tonic Water bis zur Hälfte des Glases auffüllen. Schlangengurke und Pfefferkörner dazugeben. Fertig!

Links:
 Ellis „DG –GT"

Unten:
Lucy Tropical Bon mit
Sprite

13 Chrissis Drumi dushi

(= Papiamento: Schlaf schön)

Zutaten
2-4 cl Blue Curaçao
8 cl Blutorangensaft
2cl Grenadine
2 cl Tequila
2 cl Wodka
4 cl Zitronensaft

Zubereitung
Die Zutaten mit 2 Eiswürfeln im Shaker kräftig schütteln, in ein Longdrinkglas 2 Eiswürfel geben und die geshakte Menge abgeseiht darauf füllen. Mit einer Zitronenscheibe garnieren... ... na dann gute Nacht.

14 Funky Cold Medina

Zutaten
4 cl Wodka
4 cl Whiskey
4 cl Blue Curaçao
4 cl Cranberry Saft

Zubereitung
Wodka, Whiskey und Blue Curaçao in einen mit Eis gefüllten Cocktail Shaker geben, kräftig schütteln und in ein Glas gießen. Den Cranberrysaft langsam in das Glas dazu geben und nicht rühren.
Mit einer Sternfrucht oder einer Kiwi Scheibe verzieren.

Oben:
Funky Cold Medina

Rechts:
Drumi dushi

15 Immi di Limmi Der Süße und Sahnige in pink

Immi di Limmi wird mit dem roten Blue Curaçao gemacht. Er ist nicht ganz so sahnig wie ein Swimmingpool aber trotzdem süß.

Zutaten
2 cl Rum (weiß)
2 cl Blue Curaçao (rot)
3 cl Apricot Brandy
2 cl Creme de Coco

8 cl Ananassaft

Zubereitung
Einen Shaker mit Eiswürfeln füllen. Alle Zutaten zugeben. Schütteln und anschließend in ein Longdrinkglas mit Eiswürfeln abseihen. Danach mit einer Annanasscheibe garnieren.

Kennen Sie die etwas anderen Blue Curaçaos?
Es gibt den Liqueur auch mit Schokoladen-Geschmack, mit Kaffeegeschmack, mit Rum Rosine und den etwas ausgefalleneren Tamarinden Geschmack. Wir haben sie alle getestet und präsentieren Ihnen die zwei besten:

16 After Dinner Chobolobo

Zutaten
8 cl Senior Chocolate Liqueur
6 cl Poncho Crema /Kuba
(Cream Liqueur)
3 cl Wodka
Limmettenscheibe und/ oder
Orangenschale

Zubereitung
Gib alle Zutaten in einen Shaker und fülle den Shaker mit Eis. Gut schütteln. Schokocreme an den inneren Glasrand geben und den Inhalt des Shakers nun in ein mit Eis gefülltes Glas geben. Mit einer Limettenscheibe und einer Orangenschale garnieren.

17 Tamarind Sunset

Manchmal brauchen wir im Leben nur einen perfekten tropischen Cocktail um auf die Entschleunigungsspur zu kommen.

Zutaten
6 cl Senior Tamarinden Liqueur
3 cl Rum (weiß)
8 cl Mango-Saft
2 cl Limettensaft
Grenadine
Orangenscheibe

Zubereitung
Den Senior Tamarinden Likör, Rum, Mangosaft und Limettensaft in einen Shaker geben und den Shaker mit Eiswürfeln füllen. Schütteln und in ein bauchiges Glas füllen. Danach einen Schuss Grenadine über einen Barlöffel ins Glas laufen lassen. Mit einer Orangenscheibe garnieren.

Drei interessante alkoholfreie Cocktails

18 Speedy Gonzalez
Zutaten
8 cl Mango Maracujasaft
8 cl Grapefruitsaft
8 cl Bananensaft
2 cl Blue Curaçao Sirup

19 Spring Paradise
Zutaten
14 cl Orangensaft
2 cl Zitronensaft
2 cl Mandelsirup
2 cl Blue Curaçao Sirup

Zubereitung
Blue Curaçao Sirup und 4-5 Eiswürfel in ein Glas geben. Alle anderen Zutaten in einen Shaker geben und 20 Sekunden kräftig schütteln. Den Drink durch das Barsieb auf 4 frische Eiswürfel in das Glas gießen.

20 Ipanema

Ein klassischer Ipanema ist alkoholfrei.

Zutaten

½ - 1 Limette
3 TL Rohrzucker
1 Schuss Blue Curaçao Sirup
10 cl Maracuja Saft
Ginger Ale
Eis

Zubereitung

Eine halbe Limette achteln und zusammen mit dem Rohrzucker in ein Glas geben und dort zerdrücken.

Danach den Maracujasaft und das Eis dazu geben. Alles zusammen in einen Shaker geben und kräftig schütteln.

Das Gemisch in ein Cocktailglas geben und mit Ginger Ale auffüllen. Zum Schluss noch einen Schuss Blue Curaçao Sirup hinzufügen. Mit einer Limettenscheibe am Glasrand verzieren.

Wenn wir jetzt Ihre Sehnsucht nach einer Traumreise nach Curaçao geweckt haben, dann lesen Sie weiter. Im nachfolgenden Teil finden Sie alle wichtigen Informationenüber Curaçao, die Sie für Ihre Reiseplanung benötigen.

Curacao von A bis Z – Alle Infos für Ihre Reise

A

wie Allgemeines, Architektur und Ausflugsziele

Allgemeines

Lage:	Karibik
Fläche:	444 qkm
Ausdehnung:	60 km lang, 3-11 km breit
Bevölkerungszahl:	160337 (2017).
Bevölkerungsdichte:	361 pro qkm.
Hauptstadt:	Willemstad
Staatsform:	Konstitutionelle Monarchie Parlamentarische Demokratie autonomes Land innerhalb des Königreichs der Niederlande.

Autonomie bei inneren Angelegenheiten seit 1954, niederländisch seit 1630. Nach Auflösung der Niederländischen Antillen wurde 2010 eine neue Verfassung verabschiedet. Curaçao ist nun ein eigenständiges Land innerhalb des Königreiches der Niederlande, ebenso wie St. Maarten, und ist vergleichbar mit Aruba.

Die meisten Einwohner sind Katholiken (80%), hinzukommen einige Protestanten (8%). Es gibt Minderheiten von Hindus, Juden und Muslimen.

Regierungschef: Eugene Rhuggenaath

Staatsoberhaupt: König Willem-Alexander, seit April 2013 vertreten durch den Gouverneur **Lucille George-Wout,** seit November 2013.

Strom: Netzspannung: 110-130 V, 50 Hz.
Ein Adapter ist in den meisten Unterkünften empfehlenswert oder erforderlich

Währung: ANG = Antillengulden

Architektur

Willemstad, die Hauptstadt, beeindruckt durch ihre interessante Architektur. Neben farbenfrohen Giebelhäusern im holländischen Stil stehen überall auf der Insel kleine *Kunuku*-Häuser (afrikanische Hütten aus Lehm und Flechtwerk), mit Stroh gedeckte Häuschen und elegante Landhäuser reicher Plantagenbesitzer. In Willemstad sowie auf ehemaligen Plantagen finden sich Häuser und Gutshöfe in typisch holländischem Stil des 17.-19. Jahrhunderts. Der Stil erinnert an Amsterdam in dieser Zeit, jedoch sind alle Häuser knallbunt in Pastellfarben gestrichen.

Curaçao hat trotz der düsteren Vergangenheit nicht nur eine lebensfrohe Mentalität, sondern auch eine bunte Architektur. Beinahe jedes Haus auf der Insel ist farbig gestrichen. Man wird hier kaum ein weißes, und schon gar nicht ein weißes altes Haus finden, denn 1817 machte der erste Gouverneur Albert von Willemstad die blendend weißen Häuser für seine chronischen Kopfschmerzen bzw. für seine Augenkrankheit verantwortlich. Der Gouverneur erließ daher ein Gesetz, das vorschrieb, alle Häuser in unterschiedlichen Farben zu streichen. Seit jener Zeit wurden die Häuser abgetönt bzw. farbig gestrichen.

Ausflugsziele

Aloe Vera Plantage

Die weltbekannte Heilpflanze wurde schon immer als natürliches Hausmittel benutzt um Krankheiten zu heilen. Auf der Aloe Vera Plantage auf Curaçao wachsen mehr als 100.000 Pflanzen. Diese Plantage produziert Aloe Vera Gels für die „CurAloe" Produktlinie.

Curaçao Likör Fabrik

Die Brennerei und das herrschaftliche Wohn- bzw. Landhaus „Chobolobo" befindet sich in Willemstad, nordöstlich von Punda. Das Landhaus liegt in der Mitte eines 10 Hektar großen Grundstückes.

Hato Höhlen

Schon vor Millionen Jahren bildeten sich die Hato Grotten unter Wasser. Als die Eiszeit kam und der Meeresspiegel sank, wurde so die Insel Curaçao geboren. Das Höhlensystem umfasst eine Gesamtfläche von 4900 qm. An den Höhlenwänden befinden sich urzeitliche Zeichnungen, die etwa 1500 Jahre alt sind.

Hofi Pastor Garten

Das Naturschutzgebiet Hofi Pastor ist eine Sehenswürdigkeit Curaçaos, denn hier steht der älteste Baum Curaçaos, der mit seinen über 800 Jahren. Dieser Baum mit seinen ausladenden Brettwurzeln ist wirklich sehenswert.

Mimi's Eco-Farm

Den Betreibern von Mimi's Eco Farm, der einzigen Tilapia Zucht auf Curaçao, bereitet es Vergnügen die wunderschöne Plantage für Naturliebhaber zugänglich zu machen.

Paradera Kräutergarten

Für alle die Pflanzen und Kräuter mögen, sei hier noch den 'Dinah Herb Garden' oder auch 'Paradera' hingewiesen. Dinah Veeris, eine Einheimische, begann schon in den frühen 80er Jahren den 'Paradera' – einen botanischen Garten – mit heute mehr als 300 Arten wilder Heilpflanzen anzulegen. Dinah Veeris ist Curaçaos Kräuterhexe.

Sea Aquarium

Das 'Curaçao Sea Aquarium' und die Dolphin Academy ist eine _der_ Sehenswürdigkeiten auf Curaçao. Das See Aquarium ist direkt am karibischen Meer errichtet, so dass die Aquarien stetig mit frischem Meerwasser gefüllt werden können.

Vogel-Straußfarm

Die „Ostrichfarm" ist afrikanischen Ursprungs und wurde 1995 mit viel Liebe zum Detail angelegt. Man nennt die Straußenfarm auch „Klein Afrika" und in der Tat fühlt man sich ein bisschen in eine andere – zauberhafte – Welt versetzt, sobald man das Gelände betritt. Die Straußenfarm auf Curaçao ist eine der größten Farmen dieser Art außerhalb Afrikas.

B wie Bevölkerung

Bevölkerung

Die Einwohnerzahl von Curaçao liegt bei über 160.000. Die meisten wohnen in der Hauptstadt Willemstad oder in der Peripherie. Viele Einwohnersind Nachkommen der ehemaligen afrikanischen Sklaven. Rund 6 % der Bevölkerung sind niederländischer Abstammung. Nur noch wenige Bewohner stammen von den Ureinwohnern der Arawak-Indianer ab. Darüber hinaus gibt es auf der Insel Nachfahren von sephardischen Juden, die im 17. Jahrhundert aus Spanien und Portugal vor der Inquisition geflohen waren. Außerdem gibt es eine beträchtliche Anzahl Gastarbeiter aus Asien (vor allem China) aus Südamerika und der übrigen Karibik, die seinerzeit aufgrund der Ölindustrie nach Curaçao kamen.

C wie Christoffelberg

Der Christoffelberg ist mit seinen 375 Metern die höchste Erhebung der Insel. Er liegt im gleichnamigen Nationalpark im Nordwesten der Insel. Den Christoffelberg kann man über einen Wanderweg besteigen. Man sollte möglichst früh starten, da es schnell heiß wird. Das letzte Stück ist eine Kraxelpartie. Daher ist festes Schuhwerk empfehlenswert. Von der Bergspitze hat man bei gutem Wetter eine herrliche Aussicht bis Klein Curaçao.

D wie Delphinschwimmen

Wer immer schon mal davon geträumt hat mit den Delfinen zu schwimmen, auf Curaçao ist das möglich und empfehlenswert, denn als eine der wenigen Delfin-Einrichtungen weltweit werden die Delfine hier nicht in Gefangenschaft gehalten, sondern können

grundsätzlich im offenen Meer schwimmen. Das Schwimmen mit den Delfinen findet jedoch in einer großen Lagune statt. In kleinen Gruppen von maximal 6 Personen kann man ca. 30 Minuten den persönlichen Kontakt mit den Meeressäugern finden.

E wie Einreise

Einreise:

Es genügt für Staatsbürger der Europäischen Union ein Reisepass ohne spezielles Visum. Dies gilt ebenso für die Schweiz, USA und für Österreich. Der Reisepass muss jedoch mindestens 6 Monate über den Aufenthalt hinaus gültig sein.

Alle ausländischen Besucher müssen für die Einreise nach Curaçao über eine voll-ständig ausgefüllte ED-Card (kurz für Embarkation-Disembarkation Card) verfügen. Bislang wurde die ED-Card auf dem Flug nach Curaçao an die Reisenden ausgegeben. Es gibt aber auch die Möglichkeit die ED-Card online bereits vor Ihrer Flugreise nach Curaçao bequem von zu Hause aus ausfüllen. Mit der Einführung der Online ED-Card wird die Wartezeit bei der Einreise nach Curaçao wesentlich verkürzt. Die Online ED-Card wird vom Grenzpersonal mit dem Grenzschutzsystem der Einwanderungsbehörde von Curaçao synchronisiert. Das Formular finden Sie z.B. auf der Curaçao Webpage www.Curaçao.com

F wie Flughafen, Flugverbindungen, Flugzeit und Forts

Flughafen:

Hato International Airport (CUR) (Hato) liegt 12 km nördlich von Willemstad. Zu den Flughafeneinrichtungen gehören Duty-free-Shop, Geschäfte, Tourist-Information, Restaurant, Bank, Postamt, Hotelreservierungs- und

Mietwagenschalter. Bus- und Taxistand sind vorhanden. Busse fahren in der Zeit von 06.00-23.00 Uhr ins Stadtzentrum von Willemstad.

Flugverbindungen:
Curaçao Hato ist ein internationaler Flughafen mit Verbindungen nach Frankfurt/Deutschland, Amsterdam/Niederlande, Miami, New York/USA, Toronto /Kanada, Venezuela, Dominikanische Republik, Jamaica, Kolumbien, Panama, Puerto Rico, Sint Maarten, Bonaire und weitere Inseln.

Für deutsche Urlauber ist der Nonstopflug von Condor ab Frankfurt besonders interessant. Diese Flugverbindung startet Ende 2018.

Auch mit KLM von Amsterdam kann man komfortabel und täglich nach Curaçao fliegen. Außerdem verbindet die Tui *Fly* Amsterdam mit Curaçao.

Flugzeit:
Die Flugzeit von Deutschland nach Curaçao beträgt - je nachdem ob es ein Direktflug /Non-Stop-Flug ist - 9 bis 10 Stunden.

Forts:
Curaçao war in den Zeiten des Kolonialismus ein Zankapfel zwischen verschiedenen Ländern wie Holland, Frankreich und England. Auch für die Piraten war die Insel interessant. Zum Schutz wurden kleine Festungen errichtet, die heute noch besichtigt werden können. Meist liegen diese Forts an strategisch wichtigen Stellen und bieten interessante Perspektiven nicht nur für Fotofreunde. Gut erhalten sind: Fort Amsterdam, Fort Beekenburg, Fort Nassau, Fort Waakzamheid, Riffort und Waterfort.

G wie Geschichte

Geschichte:

1499 wurde die Insel von Alonso de Ojeda, der als Vizeadmiral mit Kolumbus segelte, entdeckt. Doch die Spanier hatten nicht so viel Interesse an der kargen Insel Curaçao und überließen sie den Holländern nahezu kampflos Die Niederländer gründeten bereits 1634 den Ort Willemstad.

Mit Beginn des 17. Jahrhunderts wurde Curaçao Umschlagplatz für afrikanische Sklaven. Erst 1863 wurde der Sklavenhandel verboten.

Bis zum Anfang des 19. Jahrhunderts wurde die Insel abwechselnd von Engländern und Niederländern beherrscht. Seit 1815 war Curaçao fest in niederländischer Hand. Ab 1860 Jahren verlor Curaçao an wirtschaftlicher Bedeutung, die sich erst mit der Erdöl-Entdeckung im Jahr 1930er Jahre wieder verbesserte.

1936 erhielten die Kolonien in der Karibik ein neues Parlament, genannt *Staten*. Ab 1942 wurde der koloniale Status schrittweise neu geregelt. Willemstad wurde Hauptverwaltungssitz für alle niederländischen Besitzungen in der Karibik.

1954 erhielten die Kolonien ihre vollständige Selbstverwaltung. Das Parlament / Staten wurde auf 22 Mitglieder erhöht. 1985 wurde es erneut umgeformt.

Im Jahr 2005 stimmte die Bevölkerung Curaçaos bei einem Referendum über den zukünftigen Status der Insel ab, wobei sich die Mehrheit für den Status als autonomes Land innerhalb des Königreiches der Niederlande entschied.

Am 10.10.2010 war es dann soweit: Der Landesverband der Niederländischen Antillen wurde aufgelöst. Damit wurde Curaçao ein eigenständiges Land innerhalb des Königreiches der Niederlande.

 wie Hafen und Hauptstadt

Hafen:
Der gewaltige "Schottegat", ist der siebtgrößte Naturhafen der Welt und der größte der westlichen Hemisphäre. Es war auch der Grund warum sich die Niederländer im 17. Jahrhundert hier ansiedelten und wo später auch die Hauptstadt Willemstad entstand. Der Hafen hat eine enorme strategische Bedeutung. Vor dem Schottegat spannt sich die eindrucksvolle Queen-Juliana-Brücke. Durch ihre gewaltige Höhe können auch riesige Containerschiffe, Tanker und Kreuzfahrschiffe unter der Brücke herfahren. Der Hafen Schottegat ist auch heute noch das wirtschaftliche Zentrum von Curaçao.

Hauptstadt:
Willemstad, so heißt die Hauptstad von Curaçao in der heute ca. 130.000 Einwohner wohnen. Sie ist die größte Stadt der niederländischen Gebiete in der Karibik. Eine große vierspurige Straße rund um Willemstad - genannt "Ring" - verbindet die vielen Stadtteile, die Willemstad hat. Für Touristen besonders interessant sind die Stadtteile Punda, Pietermaai, Scharloo und Otrobanda.

I wie Iguana und Inseltour

Iguana / Leguane:

Die grünen Insel- Leguane (Iguani) sind die Könige unter Curaçaos Reptilien und mit einer Gesamtlänge von bis zu 1,50 imponierende urzeitliche Geschöpfe. Es gibt sie in giftgrün und auch in einem sehr gedeckten graugrün. Sie sind nicht nur am Boden auszumachen, sondern klettern auch gerne auf Bäumen bzw. Sträuchern.

Inseltour:

Interessante und individuelle Insel-Touren führt „Lucy" durch, z. B mit ihrem Jeep an die wilde Nordküste.

Zeitpunkt:	nach telefonischer Vereinbarung
Dauer:	ab 3 Stunden
Sprachen:	englisch, deutsch oder holländisch
Treffpunkt:	Abholung an der Unterkunft bzw nach Absprache
Kosten:	ab 35,- US Dollar pro Person
Telefon:	005999/66169 21 / 005999 6974366
Homepage:	www. timetotour.nu

J wie Julianabrücke

Die 56 Meter hohe Autobrücke wurde nach siebenjähriger Bauzeit 1974 fertiggestellt und zu Ehren der ehemaligen Königin an ihrem Geburtstag unter dem Namen Queen Juliana Bridge eröffnet. Die Juliana Brücke - wir sie kurz genannt wird - ist höchste Brücke in der Karibik und zählt zu den höchsten der Welt. Die Fahrt über die Brücke ist ein wenig gewöhnungsbedürftig aber sie bietet sich einem ein fantastischer Ausblick über Willemstad mit den beiden Stadtteilen Punda und Otrabanda.

wie Klein Curaçao, Klima, Kommunikation, Kreuzfahrtschiffe und

Kriminalität

Klein Curaçao:

Die kleine Insel Klein Curaçao liegt ca. 25 Kilometer vor der südöstlichen Spitze von Curaçao. Eine unbewohnte Insel mit einem wunderbaren Strand und rund herum nichts als kristallklares türkisfarbenes Wasser, das zum Schwimmen und Schnorcheln einlädt. Dank der isolierten Lage ist diese Insel ein ideales Naturschutzgebiet, in dem Vögel, Krebse, Schildkröten, Frösche und Eidechsen ungestört leben können.

Curacao Climate	Jan	Feb	Mar	Apr	May	Jun	Jul	Aug	Sep	Oct	Nov	Dec		
Max Temp (°C)	29.2	29.4	29.9	30.4	31.1	31.4	31.4	31.9	32.3	31.5	30.7	29.8	Ø	30.8
Mim Temp (°C)	23.9	24	24.4	25	25.8	25.9	25.7	26	26.3	25.9	25.3	24.4	Ø	25.2
Precipitation (mm)	46	28	15	19	25	21	34	41	45	83	96	99	Σ	552
Hours of Sunshhine	8.2	8.6	8.6	7.9	7.8	8.5	9.1	9.3	8.5	7.9	7.6	7.5	Ø	8.3
Rainy Days	8	5	3	3	3	3	6	5	5	8	10	12	Σ	71
Water Temp (°C)	26	25	26	26	26	27	27	28	28	28	28	27	Ø	26.8
Humidity (%)	76	75	74	75	77	76	76	76	75	77	78	77	Ø	76

Klima:

Curaçao ist ein Ganzjahresreiseziel. Die Durchschnittstemperatur beträgt 27,5°C. Die Temperatur zwischen Sommer und Winter unterscheidet sich durchschnittlich nur um 2,5°C. Der Unterschied zwischen Tag und Nacht liegt bei nur 5-6°C. D. h nachts kühlt es sich auf angenehme 26 Grad ab. Das heißt aber auch: es ist immer warm und manchmal auch heiß aber der stetige Nordwest Passatwind macht das Klima hier so angenehm.

Curaçao liegt außerhalb des »Hurrikan Gürtels«. Die Regenzeit ist zwischen Ende Oktober und Anfang Februar aber Regenzeit bedeutet nicht, dass es den ganzen Tag regnet. Siehe auch "R wie Regenzeit". Für Taucher bietet Curaçao ganzjährig eine angenehme Wassertemperatur.

Kommunikation:

Länder Telefon Vorwahl: 00599 (9)

Mobiltelefon

und Internet: Handy und Internet funktionieren auch auf Curaçao. Die Kosten sind natürlich höher, als in Deutschland, da Roaming-Gebühren anfallen. Auch in Deutschland abgeschlossene Flatrates sind auf Curaçao nicht gültig.

WLAN ist auf der ganzen Insel verfügbar. Vor allem in Hotels, Bars und Restaurants und auch am Strand stehen Ihnen häufig kostenlose WiFi-Spots zur Verfügung. Verfügbare Hotspots finden Sie hier: http://curacaoconnected.com/internet/free-wifi/

Post: Postkarten nach Deutschland /Europa sind mit 1,79 ANG freizumachen. Die Luftpost nach Europa braucht 4-6 Tage, auf dem Seeweg 3-6 Wochen.

Postämter: Mo-Fr 07.30-12.00 und 13.30-16.30 Uhr. Das Hauptpostamt in Punda und Postamt am Flughafen haben auch Sa 07.30-12.00 Uhr geöffnet.

Kreuzfahrtschiffe:

Zahlreiche Kreuzfahrtschiffe aus Amerika und Europa legen in Curaçao an, u. a. Air Tours/Sun Cruises, Deutsche Seetouristik, Carnival, Holland America, Norwegian Cruise Lines, Royal Caribbean Cruisesund Royal Cruise Line. Der Hafen in dem die Kreuzschiffe anlegen, befindet sich im Bereich Otrobanda in Willemstad.

Alles über die Kreuzfahrschiffe von Curaçao und der genaue Schiffsfahrplan finden Sie unter: www.cruisetimetables.com

Auf www.marinetraffic.com kann man die Live Situation des Curaçao Hafens nachvollziehen.

Kriminalität:

Die Insel Curaçao gilt unter den karibischen Inseln als relativ sicher. Es ist nicht mit Gewaltkriminalität zu rechnen. Eigentumsdelikte sind aber nicht auszuschließen. Wertsachen, insbesondere Reisepässe und Kreditkarten gehören nicht ins Strandgepäck, sondern in einen Safe. Auch Taschen und Koffer sollten nicht unbeaufsichtigt gelassen werden. Leider ist die Diebstahlskriminalität -wie wohl überall auf der Welt - in den letzten Jahren angestiegen.

L wie Land/ Lage und Landhäuser

Land /Lage:

Curaçao ist die größte Insel der ehemaligen Niederländischen Antillen und zugleich Teil der ABC-Inseln, zu denen auch Aruba und Bonaire zählen. Sie liegt 56 km nördlich von Venezuela und ist flach, felsig und verhältnismäßig unfruchtbar, da es nur selten regnet. Die Insel ist ein Korallenriff, das sich um einen unterseeischen Berg gebildet hat.

Landhäuser:

Die Insel Curaçao wird architektonisch von charakteristischen Landhäusern geprägt. Jedes Landhaus schreibt seine eigene Geschichte und ist heute Zeitzeuge einer fernen Vergangenheit. Ein Teil der ca. 50 restaurierten Landhäuser sind der Öffentlichkeit zugänglich. Die Landhäuser sind meistens Villen von ehemaligen Plantagenbesitzern und Sklavenhaltern von Curaçao. Sie wurden im 17., 18. und 19. Jahrhundert erbaut. Es gab ca. 100 Plantagen und entsprechend viele Landhäuser auf Curaçao.

Die Landhäuser wurden meistens auf einem Hügel erbaut. Nicht wegen der schönen Aussicht, sondern damit die Plantagenbesitzer durch ihre dadurch weithin sichtbaren Landhäuser in der Lage waren, sich im Falle eines Sklavenaufstandes gegenseitig rechtzeitig und mithilfe einer Fackel, die am Giebel des Hauses angebracht war, zu warnen. Heute existieren noch ca. 50 von diesen Landhäusern, verteilt über die ganze Insel. Einige dieser Landhäuser kann man besuchen.

M wie Manzalina und Moringa

Manzalina:
Wenn Manzalina Bäume an Stränden stehen, sind sie sicherlich willkommene Schattenspender. Sie sind aber auch wegen ihrer Giftigkeit mit einem großen orangefarbenen Schild gekennzeichnet. Manzalina Bäume sind bei trockenem Wetter völlig ungefährlich. Bei Regen dagegen sollte man sie wirklich meiden. Auch die Früchte sollte man auf keinen Fall essen. Der Baum enthält einen milchigen Saft, der auf der Haut nach etwa einer halben Stunde heftiges Brennen, Entzündungen und Bläschen-Ausschlag verursacht. Kommt der giftige Saft in die Augen kann man sogar erblinden.

Moringa:
So giftig wie der Manzalina Baum ist, so gesund ist der Moringabaum, der in der Klimazone von Curaçao besonders gut wächst. Er ist wohl die mit Abstand

nährstoffreichste Pflanze der Welt. Sie enthält mehr als 90 gesundheitlich bedeutsame Nährstoffe.   Moringa Produkte sind bei den Don Genaro erhältlich.

Medizinische Versorgung:
Die ärztliche Versorgung ist auf Curaçao gut. Es gibt drei Krankenhäuser auf Curaçao. Das St.-Elisabeth-Krankenhaus in Willemstad ist das größte Krankenhaus wird gerade neu gebaut und verfügt schon heute über modernste Einrichtungen.

Impfungen sind nicht erforderlich.   Um sich vor dem Denghie- und Chikungungja- oder Zhikafieber zu schützen, sollte man einen Mückenschutz wie „OFF" oder „Out" verwenden.

Der Abschluss einer Reisekrankenversicherung mit Reiserückholversicherung wird grundsätzlich empfohlen.

Es gibt zahlreiche gut sortierte Apotheken (= Botika) auf der Insel, so dass eine individuelle Reiseapotheke nicht unbedingt mitgenommen werden muss.

Wichtige Telefonnummern:

Unfallrettung:	912
Erste Hilfe:	462-4400
Küstenwache:	913
Krankenhaus:	910
St Elisabeth Krankenhaus	462-4400

wie Nordwesten, Nena Sanchez und Nationalparks

Nordwesten:

Im Nordwesten der Insel wird es ruhiger und natürlicher. Hier ist die Besiedelung deutlich geringer und die Menschen noch gelassener. Die meist grüne leicht hügelige Landschaft bietet eine faszinierende Mischung aus Flora und Fauna. Naturliebhaber und Menschen, die sich nach Ruhe und Erholung sehnen, kommen hier auf ihre Kosten. Aber auch Strandliebhaber sind im Nordwesten der Insel goldrichtig, denn die schönsten Strände Curaçaos liegen hier.

Nena Sanchez:

Im Nordwesten liegt auch das Landhaus „Jan Kok" mit der Galerie der in 2018 verstorbenen Nena Sanchez. Ihre Bilder sind nicht nur sehenswert, sondern auch als Drucke käuflich zu erwerben. Übrigens: Sie malte grundsätzlich die Gesichter der

Menschen in blau, da Sie bereits vor 30 Jahren der Meinung war, dass die Hautfarbe der Menschen keine Rolle spielen sollte.

Nationalparks:
Beide Nationalparks Curaçaos - der Christoffelpark und der Shete Boka liegen im Nordwesten der Insel.

Der St.-Christoffel-Nationalpark, ein Naturschutzgebiet, nimmt fast den gesamten nordwestlichen Teil der Insel um den gleichnamigen Berg ein. Im Nationalpark gibt es 500 verschiedene Pflanzen- sowie 150 Vogelarten zu entdecken.

Kurz vor Westpunt liegt der Shete Boka Nationalpark. Vom Eingang am Boka Tabla erstreckt sich der Park entlang der Küste. Die teils meterhohen Wellen donnern unter lautem Getöse gegen die Felsklippen. Der Einstieg in ein Höhlensystem ist möglich, es wurde vom Wasser aus der Kalksteinformation ausgewaschen. Der Shete Boca Park ist grundsätzlich durch zwei Wanderwege zu Fuß zu erobern.

Mit dem Auto gelangt man über eine unbefestigte Straße an weiteren Felsbuchten bis hin zu Boca Pistol. Auch an Boca Kalki sollte man aussteigen und zu Fuß bis zur Bucht gehen.

Sehenswert ist auch die linke Seite des Parks. Hier finden Sie die „natural bridge" an der Bucht „Boca Wandomi".

O wie Otrobanda

Otrobanda ist ein Stadtteil von Willemstad, der zu Beginn des 18.Jahrhunderts entstand und sich auf der „anderen Seite" = übersetzt = "otro Banda" von Punda befindet. Seite 1886 verbindet die schwimmende Pontonbrücke die beiden Stadteile, die die historische Innenstadt von Willemstad darstellen.

Das Stadtviertel Otrobanda hat wie Punda einen deutlich sichtbar niederländischen Charakter. Otrobanda gilt traditionell als ärmeres Stadtviertel, besitzt aber eine reiche musikalische Tradition.

Der niederländische Unternehmer J.G. Dekker hat hier 2001 aus einem Arbeiterviertel ein interessantes Fünfsternehotel mit dem Namen Kurá Hulanda erschaffen. Auf dem Gelände befindet sich eine schöne Außenanlage mit einem Skulpturengarten, einen reizenden Innenhof mit einem Cafe und Restaurants und das Kura Hulanda Museum das sich mit der Geschichte der Sklaven befasst.

P wie Pflanzen, Politik, Punda und Pietermaai

Pflanzen:
Auf den ersten Blick sieht es für manchen Erstlings-Besucher so aus, als ob auf Curaçao nichts wirklich wächst, außer dorniges Gebüsch und jede Menge Kakteen. Bei genauerem Hinsehen entdeckt man jedoch die Vielfalt und den

Reiz der Pflanzenwelt mit weit über hundert verschiedenen Kakteen-, Palmen- und Baumarten.

Mit der Karibik verbinden die meisten Menschen auch Palmen. Gemeint sind meistens die großen Kokospalmen, aber auch die kubanische Königspalme. Auf Curaçao gibt es diese Palmen selbstverständlich auch, aber nicht in den Mengen wie man das von anderen karibischen Inseln gewohnt ist. Dafür gibt es hier viele weitere Palmenarten, wie z. B. die „Washingtonia", die „Goldfruchtpalme" oder die beeindruckende blau-grüne Fächerpalme mit dem Namen „Latania".

Politik:

Curaçao wurde am 10.10.2010 selbständig. Nach einer anfänglich turbulenten Zeit war vorübergehend Daniel Hodge Premierminister von Curaçao, der die politische Lage auf der Insel auch kritisch betrachtet. Es ist bekannt, dass die Insel immer wieder gegen Korruption ankämpfen muss. Auch die Vereidigung der ersten neuen Regierung Mitte 2013 musste mehrmals verschoben werden.

Am 7. Juni 2013 wurde Ivar Asjes (44), Führer der Partei „Pueblo Soberano" zum Premierminister gewählt

Im April 2017 wurde wieder gewählt. Die neue Regierung wird nun von den drei Parteien PAR, MAN und PIN gestellt. Der 47 Jahre alte Eugene Rhuggenaath ist nun der neue und aktuelle Premierminister von Curaçao. Seine politisch liberale Partei (Partido Alternativa Real) gewann sechs von 21 Sitzen.

Punda:

Das Stadtviertel „Punda" übersetzt = „Punkt" liegt südöstlich von der Sint Annabaai und ist der älteste Teil von Curaçao. Die prächtigen farbenfrohen Häuser im Kolonialstil sind der Publikumsmagnet der Insel.

In Punda begannen die Holländer im Jahr 1634 mit der Errichtung ihrer Stadt. Zuerst entstand eine Festung zum Schutz der Hafeneinfahrt – das Fort Amsterdam. Die historische Festung ist heute der Sitz des Gouverneurs und teilweise Regierungs- und Verwaltungsgebäude.

Die Emmabrücke und das Fort Amsterdam ist für viele Besucher auch der Startpunkt für eine ganz individuelle Entdeckungstour. Am Ende der Brücke findet sich Informationsstand für Touristen.

Pietermaai:

„Pietermaai" liegt östlich vom zentralen Stadtteil Punda und ist wie Punda fußläufig zu erobern. Benannt wurde Pietermaai nach dem Plantagenbesitzer Pieter de Meij, der sich dort 1674 niedergelassen hatte. Bis 1882 entwickelte sich der Stadtteil gut, doch da Pietermaai außerhalb des klassischen Zentrums vonPunda gelegen ist, verfiel der Stadtteil Pietermaai später mehr und mehr. Erst in den letzten 10 - 15 Jahren wurde Pietermaai wiederentdeckt. Die alten Häuser wurden und werden seither behutsam renoviert. Neben einem attraktiven Wohnviertel sind hier auch Bars und Cafés entstanden, die bis spät in die Nacht geöffnet haben. Entdecken Sie das „Mundo Bizzarro", das „Ginger", das „Miles" aber auch das mondäne „Sant Tropez", das „Bij Blauw" oder die „Scuba Lodge" und erleben Sie einen unvergesslichen Abend mit Live Musik in einem Stadtteil mit besonderer Atmosphäre.

Oben:
Punda bei
Nacht

Rechts:
Pietermaai

wie Queen Emma Brücke

Die 'Königin Emma Ponton Brücke', kurz Emmabrücke, ist eine weltweit einzigartige, fahrbare Pontonbrücke aus Holz, die die beiden Stadtteile Punda und Otrobanda schon seit 1888 miteinander verbindet. Die Emmabrücke öffnet und schließt sich mit Hilfe von zwei kräftigen Schiffsmotoren, um Schiffe, ja selbst die großen Kreuzfahrtschiffe, in den Hafen ein- und ausfahren zu lassen. Die 'Swinging Old Lady', wie die Emmabrücke von den Einheimischen auch liebevoll genannt wird, ist ein Wahrzeichen Willemstads und wirklich sehens- bzw. erlebenswert. Übrigens: Wenn die Brücke für den Schiffsverkehr geöffnet wird und so für Fußgänger nicht genutzt werden kann, pendeln kostenlose kleine Fähren.

 Reisezeit, Regenzeit und Restaurants

Reisezeit:
Curaçao ist ein Ganzjahres Urlaubsziel, da es ganzjährig sonnig und warm ist. Es gibt im Grunde keine gute oder schlechte Reisezeit.

Regenzeit:
Die Regenzeit ist von ca. Ende Oktober bis ca. Mitte Februar.

In der Regenzeit ist es tagsüber mit ca. 29 - 31 Grad etwas kühler als im Sommer. Die Luftfeuchtigkeit ist höher als in der Trockenzeit. Nachts kühlt es sich auf angenehme 26 Grad ab.

In der Regel ist es so, dass es in der Regenzeit fast jeden Tag auf der Insel 1-3 x kurz aber dafür heftig regnet. Oft regnet es auch nur in der Nacht.

Nach dem Regenguss trocknet alles wieder schnell ab. Die Pflanzen lieben diese Zeit natürlich und die Insel wird in der Regenzeit schön grün. Es regnet übrigens nie überall gleichzeitig auf der Insel, sondern immer sehr lokal also strichweise. Man kann also durchaus auch dem Regen "aus dem Weg" gehen, bzw. fahren.

Restaurants:
Es gibt eine Vielzahl an Restaurants auf Curaçao: für jede Geschmacksrichtung, für den kleinen Hunger zwischendurch, für das edle Dinner am Abend und für jeden Geldbeutel. Im Nordwesten der Insel gibt es nur wenige Restaurants. Generell wird auf der Insel früh zu Abend gegessen.

Die Bedienungen freuen sich über ca. 10 % Trinkgeld.

In der alten Garküche dem Plasa Bieu wird seit mehr als einen halben Jahrhundert eine Auswahl an lokalen Spezialitäten angeboten, die hier vor Ort in großen Töpfen und auf riesigen Gasflammen nach herkömmlicher Art zubereitet werden. Hier gibt es nicht nur leckere Fleisch- und Fischgerichte, sondern auch ganz besondere karibische Gerichte wie Guiambo (schleimige Suppe aus Okraschoten), Kaduschi (Kaktussuppe), Suppa de Iguana (Leguansuppe), Parilla de Marisco (appetitliche Platte mit gegrillten Meeresfrüchten), Stobá mit Moro (Schmorfleisch mit Reis und Bohnen), Kabritu Stoba (geschmortes Ziegenfleisch).

_S_ wie Sprachen, Shopping und Strände

Sprachen:
Die offizielle Amtssprache ist Niederländisch. Papiamento (eine Mischung aus Portugiesisch, westafrikanischen Sprachen, der Indianersprache Arawak, Spanisch, Niederländisch und Englisch) ist die gängige Umgangssprache. Englisch und Spanisch werden ebenfalls häufig gesprochen.

Shopping:
In den Stadtteilen Punda und Otrobanda kann man wunderbar bummeln, shoppen und dabei das karibische Lebensgefühl erleben. Die Breedestraat in Punda und Otrobanda sind die wichtigsten Einkaufsstraßen der Altstadt.
Neben vielen kleinen Shopping-Centern, die es verteilt in Willemstad und ganz Curaçao gibt, gibt es seit Sommer 2016 die Einkaufsmall "Sambil" und den Mambo Boulevard in der Nähe vom Sea Aquarium.

Die Geschäfte, Banken, Post etc. sind in der Regel von montags bis samstags von 9:00 – 12:00 und 14:00 – 18:00 Uhr geöffnet.

Strände:
Curaçao bietet mit mehr als 35 Stränden eine Fülle von Möglichkeiten für jeden Urlaubstag. Wer hier allerdings kilometerlange weiße Sandstrände mit viel Service erwartet, wird enttäuscht.

Die karibische See ist 'freundlich', d.h. die Wellen sind meistens eher zahm bis manchmal kaum vorhanden. Das Wasser ist darüber hinaus kristallklar wie kaum woanders auf dieser Welt. Auch die Wassertemperatur stimmt einfach, nicht zu kalt aber auch nicht zu warm – und dies das ganze Jahr hindurch. Die karibische See ist darüber hinaus sehr salzhaltig, so dass sie ausgesprochen gut trägt.

Die Strände dieser Insel bestehen meist aus einem Gemisch von Sand, Steinen und Korallen. Die schönsten Strände sind im Nord-Westen der Insel, also in Banda Abou zu finden. Es gibt sowohl bewirtschaftete Strände mit guter Infrastruktur als auch wildromantische Strände.   Alles über die einzelnen Strände Curaçaos gibt es in dem Reiseführer „Der große Outdoor Reiseführer Curaçao, erschienen im BOD Verlag.

T wie Tauchen, Tourismus, Trinkwasser und Tiere

Tauchen:
Mit seiner artenreichen Unterwasserwelt gehört Curaçao zu den beliebtesten Tauchzielen auf der ganzen Welt. In 82 ausgewiesenen Riffen können Taucher auf unzählige Meeresbewohner treffen: Von Meeresschildkröten und grünen Muränen, bis hin zu Rochen und seltenen Fischen.

Tourismus:
Mit ungefähr 500.000 Touristen jährlich, wovon ca. 300.000 Kreuzfahrtgäste sind, die in der Regel nur einen Tag auf der Insel bleiben, ist Curaçao von Massentourismus weit entfernt. Die meisten Urlauber sind Niederländer, Venezolaner oder Amerikaner. Doch auch die Deutschen kommen langsam auf den Geschmack. 2009 entdeckten 6.806 Deutsche die Karibikinsel, verlebten hier

Ihren Urlaub und waren begeistert. 2013 waren es schon über 17.000 und 2016 über 22.000.

Tauchbasis:
Relaxed
Guided
Dives

www.relaxed-guided-dives.com

Trinkwasser:

Das Trinkwasser wird aus einer Meerwasser-Entsalzungsanlage gewonnen und kann unbesorgt getrunken werden. Salate oder Getränke mit Eiswürfel können unbesorgt verzehrt werden.

Tiere:

Auf Curaçao gibt es keine wirklich gefährlichen Tiere, dafür umso mehr harmlose Säugetiere, jede Menge Vögel und Reptilien. Allein mehr als 160 Vogel-, 16 Eidechsenarten und wirklich unendlich viele Ziegen, Hunde und Katzen sind hier beheimatet.

U wie Unterkünfte und UNESCO Weltkulturerbe

Unterkünfte:

Auf Curaçao gibt es eine Vielzahl von Unterkunftsmöglichkeiten. Je nach Geldbeutel und Geschmack können Sie zwischen den folgenden Angeboten wählen:

Große Hotels / Resort-Hotels, kleine Hotels oder sogenannte Boutique-Hotels, Ferienhäuser, Appartements und Bed and Breakfast-Angebote

Für die richtige Wahl sollten Sie sich unbedingt zunächst überlegen in welcher Region von Curaçao Sie Ihren Urlaub verbringen wollen. Möchten Sie abends z.B. öfter mal ausgehen und schick essen gehen ohne auf ein Auto angewiesen zu sein, dann wählen Sie Otrobanda, Punda oder Pietermaai.

Suchen Sie dagegen Ruhe und Entspannung und eine unberührte Natur, dann sind Sie im Nordwesten der Insel besser aufgehoben.

UNESCO Weltkulturerbe:

Das historische Stadtzentrum, steht mit seinen 765 denkmalgeschützten Gebäuden, darunter das Herrenhaus Belvédère (um 1865) und das Hotel Venezuela sowie das Fort Amsterdam (1634–1638) mit der Fortkirche (1745) und das Fort Waakzaamheid seit 1997 also seit nunmehr fast 20 Jahren auf der Liste des Welterbes. Es ist eins von nur sechs karibischen Stätten, die diese Auszeichnung bekommen haben. Das historische Stadtzentrum und allen voran die erste Häuserzeile genannt "Handelskade" wurde wegen ihres "außerordentlichen Wertes und seiner Integrität, welche das natürliche Wachstum einer multikulturellen Gemeinschaft über drei Jahrhunderte hinweg aufzeigt und sich in hohem Ausmaß signifikante Elemente erhalten hat, ausgezeichnet.

V wie Verkehrsmittel und Vögel

Verkehrsmittel:

Bus

Es gibt zwei Arten von Bussen. Die großen gelben oder blauen Busse, die Konvoi genannt werden und die kollektiven, sehr kleinen Busse, auf deren Nummernschild „BUS" steht. Die kleinen Busse in die bis zu 12 Personen passen, kann man mit einfachen Handwinken zum Halten bewegen.

Taxi

Mit dem Taxi zu fahren kann eine kostspielige Angelegenheit werden.

Taxis sind leicht am Taxischild oder am 'TX' auf den Kennzeichen zu erkennen. Die Preise gelten von 6:00 – 23:00 Uhr für 1 - 4 Personen. Für einen fünften Fahrgast und nach 23:00 Uhr wird ein Zuschlag von 25 % berechnet. Obwohl die Taxis hier meistens mit einem Taxameter ausgestattet sind, sollte man vor Fahrtantritt mit dem Taxifahrer einen Preis vereinbaren. Mit folgenden Preisen müssen sie rechnen:

- vom Flughafen Curaçao nach Willemstad: 40 – 55 US$
- Flughafen Curaçao nach Piscadera: 40 – 55 US$
- vom Flughafen Curaçao nach Marie Pampoen 40 – 55 US$
- Flughafen Curaçao zum Jan Thiel Beach 60 – 85 US$
- vom Flughafen Curaçao nach Westpunt 80 – 100 US$

Mietwagen

Curaçao ist eine Insel für den Mietwagen – egal wo man untergebracht ist. Viele Sehenswürdigkeiten und die schönsten Strände kann man nur mit dem Auto erreichen. Für das Mieten eines Autos ist ein internationaler Führerschein erforderlich.

Auf Curaçao ist ein Mindestalter von 21 Jahren vorgeschrieben. Einige Autovermieter setzen sogar ein Mindestalter von 23 Jahren voraus.

Innerhalb geschlossener Ortschaften sind 45 km/h, außerhalb 60 - 80 km/h erlaubt.

Mietwagen gibt es ab ca. 32 $ pro Tag aufwärts. Die Steuer für Mietwagen beträgt 9 %.

Roller

Grundsätzlich kann man sich auf Curaçao einen Motorroller mieten Auf der Homepage www. Skoeters.com können Sie sich einige Angebote anschauen. Wir sind jedoch der Meinung, dass die Insel Curaçao nicht ideal ist um sie per Motorroller zu entdecken. Zum einen ist es einfach zu heiß. Zum anderen machen die Straßenzustände das Fahren auf einem Zweirad gefährlich.

Schiff / Boot

Viele Urlauber nehmen an, dass zwischen den Insel einen Schiffsverkehr geben müsste und man so z. B. mit einer Fähre nach Aruba oder Bonaire fahren können müsste. Dies ist nicht der Fall. Zum einen da es einfach bequemer ist mit einem Insel Hopper zu fliegen zum anderen, da eine Fährverbindung zwischen den unterschiedlichen Länder komplizierte Einreisebedingungen mit sich bringen würde.

Vögel:

Auf Curaçao sind mehr als 160 Vogelarten beheimatet. Ca. 50 davon sind Brutvögel, 90 sind zugewandert bzw. eingeflogen und kommen vorwiegend aus den Vereinigten Staaten und Südamerika. Weitere 19 Arten sind Meeresvögel.

Besonders beeindruckend sind die vielen kleinen Kolibris und St. Thomas Sittiche aber auch der große Wara Greifvogel, die Pelikane und die Flamingos.

W wie Währung und Wirtschaft

Währung:

Die Währung auf Curaçao heißt nach wie vor: Antillen-Gulden Währungskürzel: ANG In der Umgangssprache spricht man kurz von Gulden oder "Gilders". Man findet auch oft die Bezeichnung NAF (= Niederländischer Antillen Florin) oder kurz: "Florin". Der Gulden ist an den Dollar gebunden, d.h. hier gibt es einen festen Wechselkurs: 1 USD = 1,78 NAF. US-Dollar werden überall als Zahlungsmittel angenommen. Man sollte jedoch Banknoten in kleiner Stückelung mitführen, 50 US$ und 100 US$-Banknoten lassen sich nicht immer leicht wechseln.

Fremdwährungen können in Banken und Wechselstuben getauscht werden. Es gibt viele ATM Geldautomaten.

Kreditkarten: Eurocard, MasterCard, Visa, Diners Club, American Express sowie andere gängige Kreditkarten werden fast überall akzeptiert. ec-/Maestro-Karte: Karten mit dem Maestro-Symbol werden europa- und weltweit akzeptiert. Weitere Informationen von Banken und Geldinstituten.

Wirtschaft:

Willemstad ist ein bedeutendes Finanzzentrum des Offshore-Bankwesens. Erdölraffinerien und Stückgutumschlag sind neben dem Tourismus weitere zentrale Wirtschaftszweige. Der Dienstleistungssektor hat einen Anteil von über 84% am Bruttoinlandsprodukt. Curaçao ist die wohlhabendste Insel der ehemaligen Niederländischen Antillen. Obwohl das Wirtschaftswachstum in den letzten Jahren beständig abnahm - 2004 lag es bei 1% - so verfügt Curaçao weiterhin über ein sehr hohes Pro-Kopf-Einkommen. Das hiesige Trockendock ist eines der größten in der westlichen Karibik, und obwohl die *Curaçao Dry Dock Company* in den achtziger Jahren sehr zu kämpfen hatte, geht es nun wieder aufwärts. Im Bestreben, Importe zu vermindern, wurde die Verbrauchsgüterproduktion in den letzten Jahren mit Erfolg angekurbelt.

Das internationale Trade Center soll Curaçaos Stellung als wichtiger Umschlagplatz für Waren aus Europa und den USA bzw. Südamerika ausbauen helfen.

Die wichtigsten Handelspartner sind Venezuela und die USA: Venezuela liefert Rohöl für Curaçaos Raffinerien, die Produkte werden hauptsächlich an die USA geliefert.

Xtra Special: Romantisches oder geselliges Burgdach-Dinner

Wenn Sie Gast bei Don Genaro sind und etwas ganz besonderes feiern, dann bieten wir Ihnen z.B. ein romantisches oder geselliges Dinner für 2-4 Personen an. Genießen sie die kulinarischen Fingerfoods bei Musik und Kerzenschein im Original indonesischem Hochzeitsbett auf dem Burgdach und unter freiem Himmel.

Yachthafen und Yoga

Yachthafen:
Der Curaçao Yacht Club ist leider nur für Mitglied zugänglich. Darüber hinaus gibt es noch die „Seru Boca Marina", die sich in der St. Barbara befindet.

Yoga:
Auf Curaçao gibt es ein Yogazentrum und viele kleinere Anbieter, aber am schönsten ist es wenn Sie früh morgens am Strand ihre Yoga –Übungen machen. Im Nordwesten der Insel können Sie z.B. am kleinen Knip sicher sein, dass Sie ganz alleine sind.

 wie Zeitzone und Zoll

MEZ -5. Keine Sommer-/Winterzeitumstellung auf Curaçao. Differenz zu Mitteleuropa beträgt im Winter -5 Std. und im Sommer -6 Std.

Zoll:
Folgende Artikel können Personen ab 18 Jahren zollfrei nach Curaçao eingeführt werden: 200 Zigaretten oder 100 Zigarillos (zu je 3 g) oder 50 Zigarren oder 250 g Tabak; 2 l Wein (jedoch kein Schaumwein) oder 1l Spirituosen oder 2l Likör; 50 g Parfüm. Wenn Sie diese Menge überschreiten, müssen Sie dies deklarieren. Auch die Mitnahme von Bargeld in einem Wert von mehr als 10.000 US-Dollar muss angegeben werden.

Das Blau von Curaçao

Das Blau des Meeres ist auf Curaçao so unbeschreiblich, dass man es kaum in Worte fassen kann. Besser gleich herkommen und es selbst hautnah erleben. Schalten Sie doch einfach mal richtig ab und vergessen Sie den Alltag. Nehmen Sie sich die Zeit um einfach mal nix zu tun … denn wenn Sie dann wieder „auftauchen" ist die Welt ein bisschen ruhiger und friedvoller und sie spüren wie wohltuend das Blau von Curaçao sein kann.

Wenn Sie jetzt selber mehr von dem Blau von Curaçao entdecken wollen dann haben wir ein richtig schönes Angebot: Eine Traum-Reise zum Blau von Curaçao. Lauer Sommerabend und ein Blue Curaçao Cocktail garantiert.

Das 7 + 7 „Be Happy Paket"

In der 7 tägigen Reise nach Curaçao mit einem Aufenthalt in einem der Don Genaro Appartements sind folgende Leistungen enthalten:
2 x Flughafenshuttle, Welcome Cocktail, 1 Frühstückspaket für den ersten Morgen, Unterkunft (7 Nächte) in der Don Genaro Appartementanlage, Mietwagen, Halbtagesausflug zur Blue Curaçao Likörfabrik, Strandtücher, Endreinigung und Mehrwertsteuer.

7 Tage all inklusive s.o.   ab **439,-** Euro pro Person

In jedem Fall sollten Sie darüber nachdenken Ihren Urlaub individuell zu verlängern, damit Sie noch mehr von Curaçao erleben können und Ihre Sehnsucht nach Sonne, Sand und Meer so richtig ausleben können.

Dafür bieten wir Ihnen die Verlängerungswoche, d.h. 7 Nächte in ihrer Unterkunft (2er Appartement) und einen Mietwagen für 6 Tage (Kleinwagen) an,

Verlängerungswoche:

7 Tage / Appartement und Mietwagen   ab **399,-** Euro pro Person.

Wenn Sie gleich das 14 tägige Angebot buchen wollen, dann können Sie Ihren Reisegutschein* in Höhe von 50,- Euro geltend machen:

14Tage

ab **788,-** Euro pro Person.

Schreiben Sie uns. Nennen Sie uns Ihre Wunschreisezeit und ihr Lieblings-appartement. Wir schicken Ihnen gerne ein ausführliches Angebot.

info@dongenaro.de

Anhang
Don Genaro Curaçao Appartements

Die Don Genaro Appartements liegen ganz nah zu den schönsten Stränden, Tauch - und Schnorchelgebieten Curaçaos, die sich im Nordwesten der Insel befinden. Die Appartement-Anlage befindet sich in einem sehr ruhigen Wohngebiet ganz in der Nähe des Dorfes Barber. Dort befindet sich grundsätzlich alles, was Sie für Ihren Urlaub benötigen: Einkaufsmöglichkeiten, Apotheke, Bank, Tankstelle etc.

In dem 6000 qm großen tropischen Garten liegen die Appartements und Ferienhäuser die für 2 bis 6 Personen geeignet sind. Den Gästen stehen gleich zwei chlorfreie Pools zur Verfügung. Ein großer Pool mit einer großen Sonnenterrasse und ausreichend Sonnenliegen und ein kleinerer Relax-Pool.Auf dem Grundstück befindet sich ein großes Gemeinschaft-Palapa (mit Palmenblättern bedecktes Freizeithaus). Hier finden regelmäßige Veranstaltungen (z.B. Cocktailabende, BBQ-Abende) statt.

Die Appartements verfügen zum größten Teil über Solar-Klimaanlagen, Solarwarmwasser und Ventilatoren.

Die Bäder der Don Genaro Appartements sind sehr geräumig und bieten hochwertigen modernen europäischen Standard.

Das Besondere der Don Genaro Appartements sind die voll ausgestatteten Außenküchen, die sich auf den überdachten Terrassen befinden. Alle Appartements sind mit 220 Volt ausgestattet und weisen ein leistungsstarkes kostenfreies W-LAN Netz auf.

Don Genaro bietet neben der Unterkunft seinen Gästen auch passende Mietwagen an. Die deutschen Gastgeber geben wichtige Infos und wertvolle Tipps.

Don Genaro Unterkünfte
M- Appartements

Die drei „M"- Appartements sind ideal für 2 Personen. Sie sind liebevoll eingerichtet, haben eine tolle Außenküche und eine schöne Terrasse.

Burg-Appartements

Wenn Sie etwas Besonderes suchen, dann sind Sie bei den Burg-Appartements richtig. Sie sind stilvoll und exklusiv eingerichtet und ideal für 2-4 Personen. Eine herrliche Aussicht und ein Bali-Burg-Bett auf dem Burgdach machen den Urlaub unvergesslich.

Palapino

Das Palapino mit einem Dach aus Palmenblätter kann man nur schwer beschreiben, man muss es erleben. Dieses freistehende Palapino ist ideal für 2 Personen

Salettl Gartenhaus

Das Salettl ist einfach eine ungewöhnliche Unterkunft für 2 Personen. Im unteren Teil des Gartens und neben dem Palapa liegt dieses freistehende Gartenhaus umringt von tropischen Pflanzen und bayerischen Accessoires.

Ferienhaus Tikki Balu

Das Tikki Balu hat 3 Schlafzimmern und 2 Bäder und so Platz für bis zu 6 Personen. Das besondere des Ferienhauses ist die große und voll ausgestattete Außenküche. Die geschmackvolle Essplatzgruppe als auch eine bequeme Sitzgruppe machen diesen Bereich zum Wohlfühlort.

*Reisegutschein

Der Reisegutschein gilt nur bei Buchung dieses Be Happy Angebots für 2 Personen und einem Mindestaufenthalt von 14 Nächten. Der Wert von 50,- Euro wird gegen Vorlage dieses Buches oder E-Book verrechnet.

Schreiben Sie uns oder rufen Sie uns ganz einfach zum Deutschlandtarif auf unserem „Deutschland-Telefon" an.
Wir beraten Sie gerne!

Don Genaro Curaçao Appartements N.V.
Kaminda Hofi Abou, KV 32 - Curaçao /Karibik
H: www.dongenaro.de
E: info@dongenaro.de
T: 005999 / 8683225
WhatsApp: 005999 / 6982442
Deutschland Telefon: 06249 / 9432833

Christopher   **Elke**   **Lucy**